Impressum
Verlag: BABADADA GmbH, Nedderfeld 112 , 22529 Hamburg
Geschäftsführer / Verlagsleitung: Harald Hof
Druck: Books on Demand GmbH, In de Tarpen 42, 22848 Norderstedt

Imprint
Publisher: BABADADA GmbH, Nedderfeld 112 , 22529 Hamburg, Germany
Managing Director / Publishing direction: Harald Hof
Print: Books on Demand GmbH, In de Tarpen 42, 22848 Norderstedt, Germany

škola
shkolla

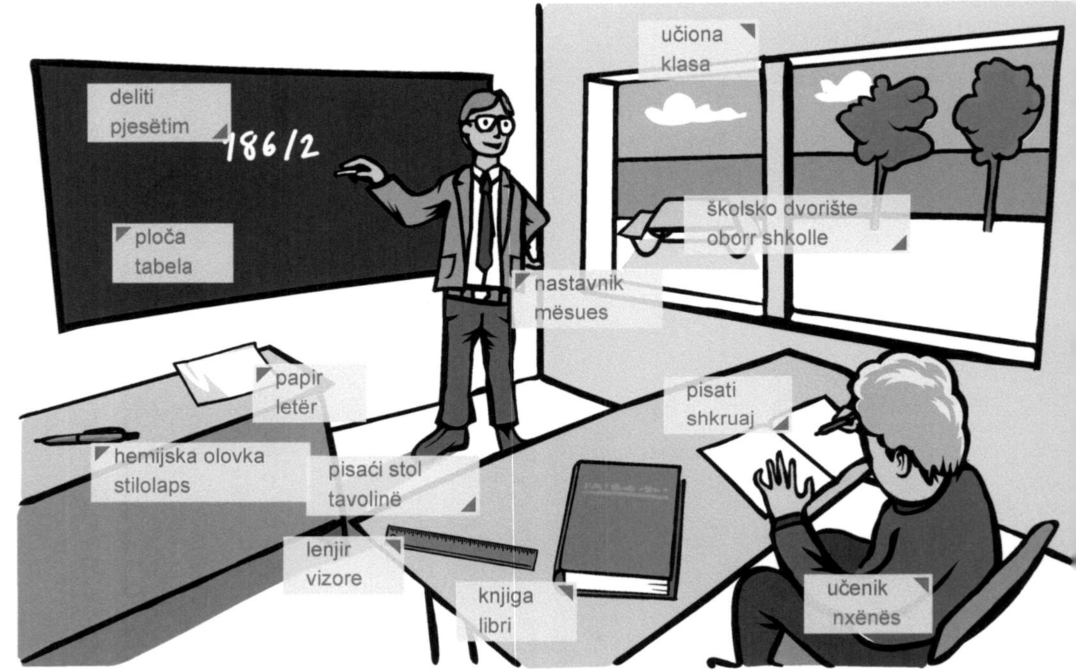

učiona
klasa
deliti
pjesëtim
186/2
ploča
tabela
školsko dvorište
oborr shkolle
nastavnik
mësues
papir
letër
pisati
shkruaj
hemijska olovka
stilolaps
pisaći stol
tavolinë
lenjir
vizore
knjiga
libri
učenik
nxënës

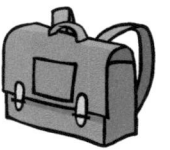

torba

çantë

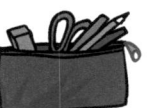

pernica

mbajtëse lapsash

grafitna olovka

laps

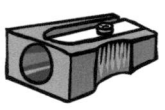

šiljilo za olovke

mprehës lapsash

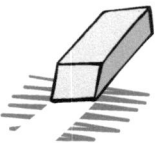

gumica za brisanje

gomë

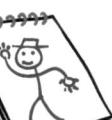

blok za crtanje

fletore vizatimi

crtež

vizatim

kist

penel

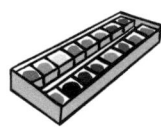

kutija sa bojama

kuti bojërash

makaze

gërshërë

lepilo

ngjitës

beležnica

fletore detyrash

domaći zadatak

detyrë shtëpie

broj

numër

sabirati

mbledh

oduzimati

zbres

množiti

shumëzoj

računati

llogaris

slovo

gërmë

ABCDEFG
HIJKLMN
OPQRSTU
VWXYZ

abeceda

alfabeti

hello

reč

fjalë

tekst
tekst

čitati
lexoj

kreda
shkumës

čas
mësim

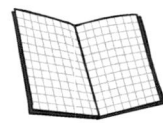

dnevnik
regjistër

ispit
provim

svedočanstvo
çertifikatë

školska uniforma
uniformë shkolle

obrazovanje
arsimim

leksikon
enciklopedia

univerzitet
universitet

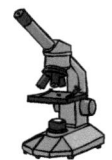

mikroskop
mikroskop

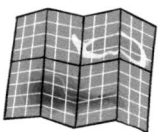

karta
hartë

košara za papir
kosh letrash

putovanje
udhëtim

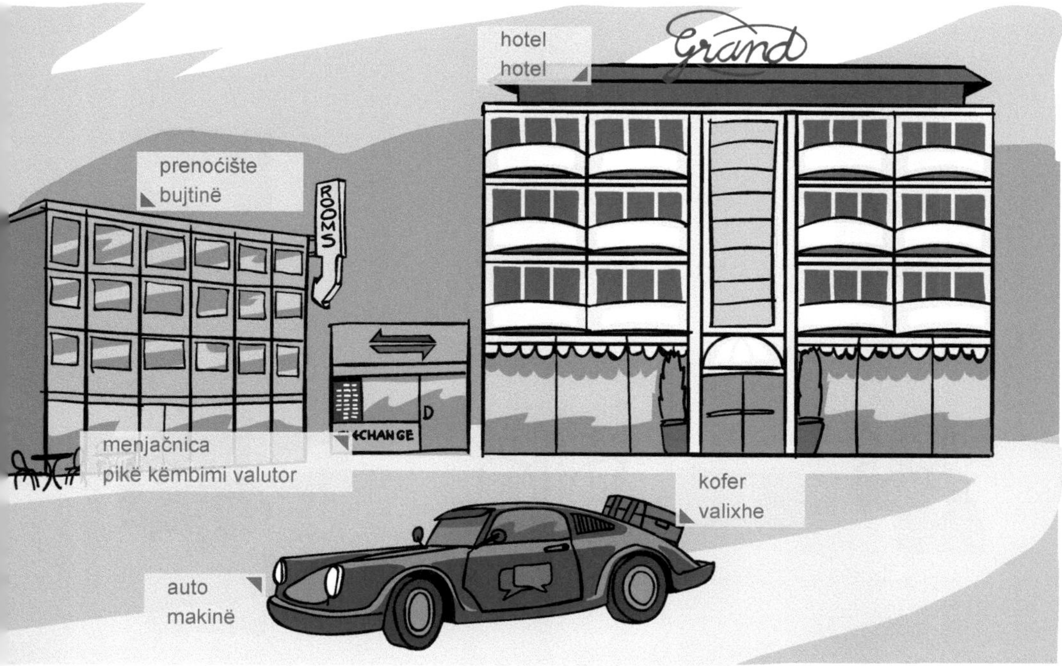

hotel
hotel
Grand
prenoćište
bujtinë
ROOMS
menjačnica
pikë këmbimi valutor
kofer
valixhe
auto
makinë

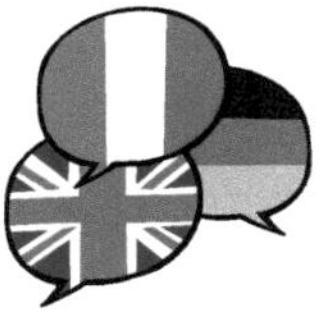

jezik

gjuhë

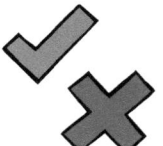

da / ne

po / jo

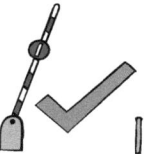

okej

Në rregull

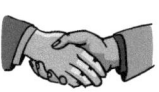

zdravo

ç'kemi

prevodilac

përkthyes

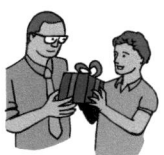

hvala

Faleminderit

Koliko košta...?

sa kushton...?

ne razumem

nuk e kuptoj

problem

problem

dobro veče!

Mirëmbrëma!

Dobro jutro!

Mirëmëngjes!

Laku noć!

Natën e mirë!

doviđenja

mirupafshim

smer

drejtim

prtljaga

bagazhet

torba

çantë

ruksak

çantë shpine

gost

mysafir

soba

dhomë

vreća za spavanje

thes gjumi

šator

tendë

turističke informacije

informacion për turistët

plaža

plazh

kreditna kartica

kartë krediti

doručak

mëngjes

ručak

drekë

večera

darkë

karta za vožnju

Biletë

lift

ashensor

poštanska markica

pulla

granica

kufi

carina

doganë

ambasada

ambasadë

viza

vizë

pasoš

pasaportë

transport
transport

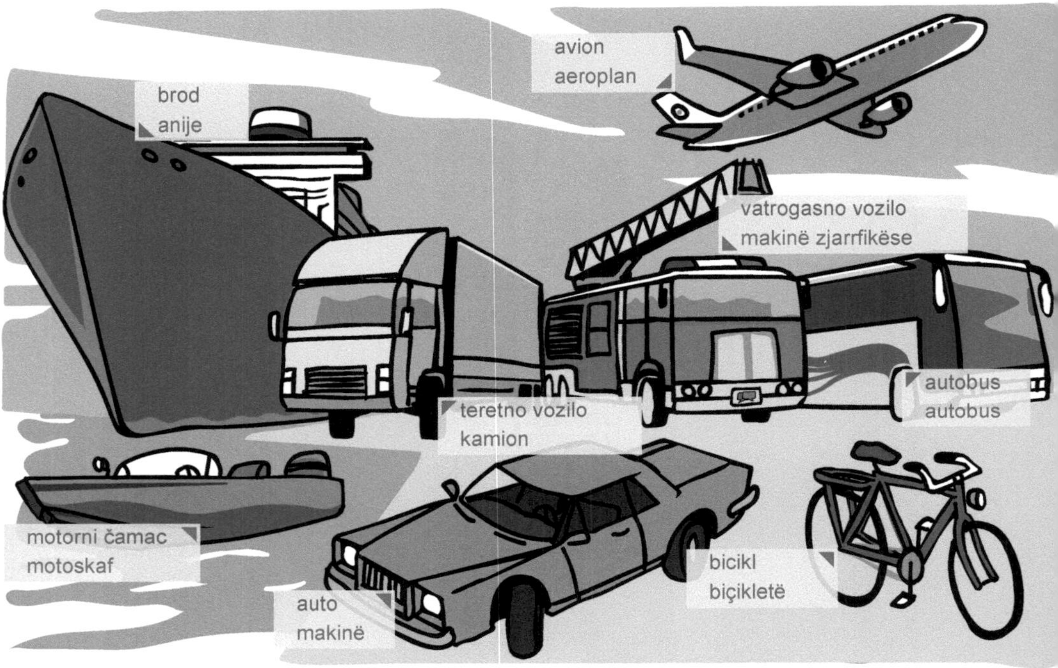
brod
anije
avion
aeroplan
vatrogasno vozilo
makinë zjarrfikëse
autobus
autobus
teretno vozilo
kamion
motorni čamac
motoskaf
auto
makinë
bicikl
biçikletë

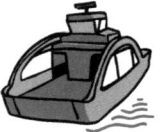

trajekt

traget

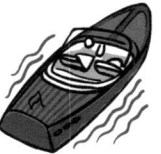

čamac

varkë

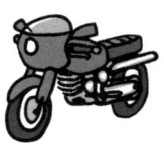

motocikl

motoçikletë

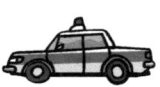

policijski auto

makinë policie

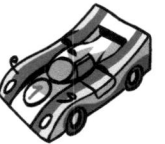

trkaći auto

makinë garash

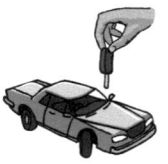

iznajmljeno auto

makinë me qira

delenje automobila

ndarje e qirasë së makinës

vučno vozilo

karroatrec

vozilo za odvoz smeća

makinë plehrash

motor

motor

benzin

benzinë

benzinska stanica

pikë karburanti

saobraćajni znak

sinjalistikë trafiku

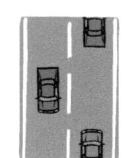

saobraćaj

trafik

zastoj

bllokim trafiku

parkiralište

parkim makinash

železnička stanica

stacion treni

šine

trase

voz

tren

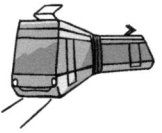

tramvaj

tramvaj

vagon

karro

helikopter
helikopter

aerodrom
aeroport

kula
kullë

putnik
pasagjer

kontejner
kontenier

karton
kuti kartoni

kolica
qerre

korpa
shportë

uzleteti / sleteti
ngrihem / ulem

grad
qytet

selo
fshat

centar grada
qendra e qytetit

kuća
shtëpi

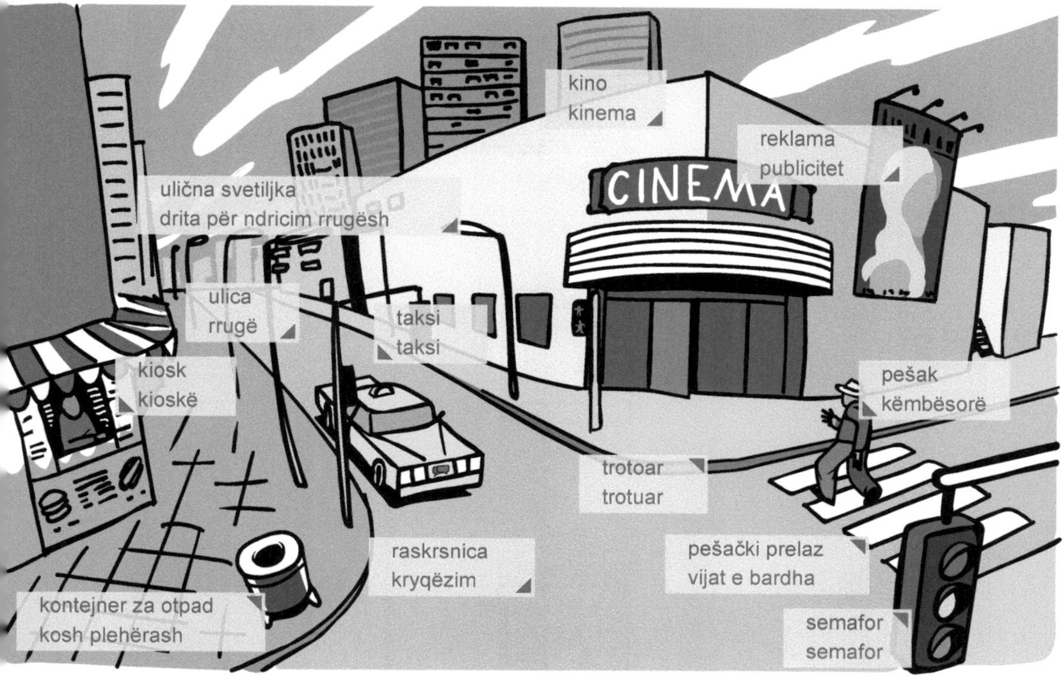

kino
kinema

reklama
publicitet

ulična svetiljka
drita për ndricim rrugësh

CINEMA

ulica
rrugë

taksi
taksi

kiosk
kioskë

pešak
këmbësorë

trotoar
trotuar

raskrsnica
kryqëzim

pešački prelaz
vijat e bardha

kontejner za otpad
kosh plehërash

semafor
semafor

koliba
....
kasolle

stan
....
apartament

železnička stanica
....
stacion treni

većnica
....
bashki

muzej
....
muze

škola
....
shkolla

grad - qytet

univerzitet

universitet

banka

bankë

bolnica

spital

hotel

hotel

apoteka

farmaci

kancelarija

zyrë

knjižara

librari

prodavnica

dyqan

cvećara

dyqan lulesh

supermarket

supermarket

trg

market

robna kuća

mapo

ribarnica

dyqan peshku

trgovački centar

qëndër tregtare

luka

port

park

park

klupa

stol

most

urë

stepenice

shkallë

podzemna železnica

metro

tunel

tunel

autobuska stanica

stacion autobuzi

bar

bar

restoran

restorant

poštansko sanduče

kuti postare

ulični znak

sinjalistikë rrugore

parkirni automat

kohëmatës parkimi

zoološki vrt

kopsht zoologjik

bazen

pishinë

džamija

xhami

seosko gazdinstvo

fermë

zagađenje okoline

ndotje

groblje

varrezë

crkva

kishë

igralište

shesh lojërash

hram

tempull

pejsaž
peisazh

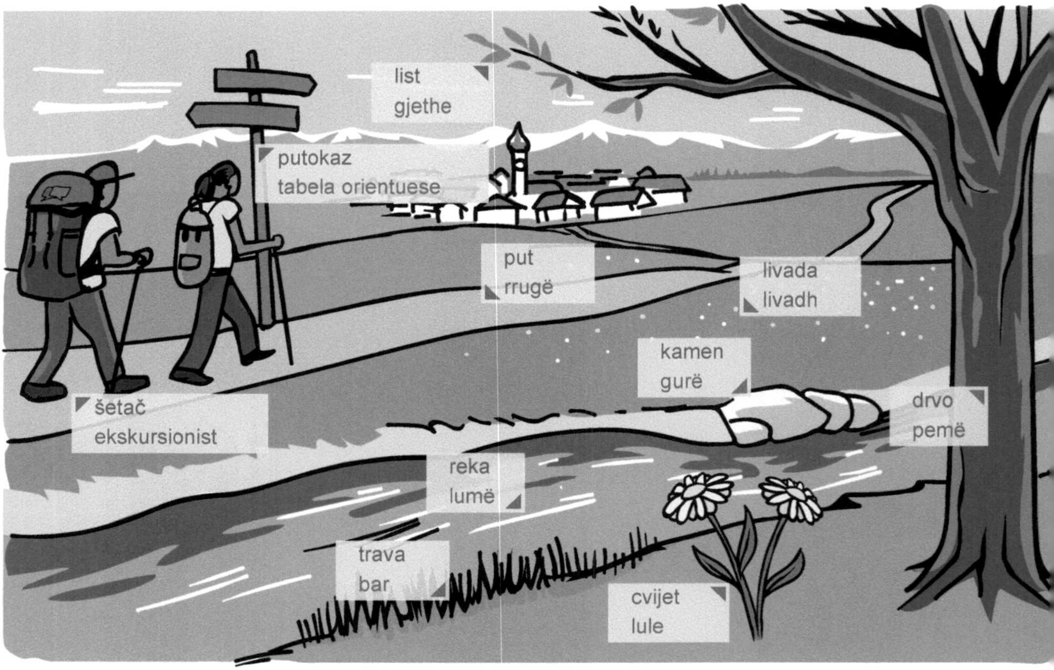

list
gjethe

putokaz
tabela orientuese

put
rrugë

livada
livadh

kamen
gurë

šetač
ekskursionist

drvo
pemë

reka
lumë

trava
bar

cvijet
lule

dolina

luginë

planina

kodër

jezero

liqen

šuma

pyll

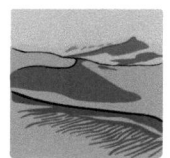

pustinja

shkretëtirë

vulkan

vullkan

dvorac

kështjellë

duga

ylber

gljiva

kepudhë

palma

palmë

moskito

mushkonjë

muva

mizë

mrav

milingonë

pčela

bletë

pauk

merimangë

pejsaž - peisazh

buba

brumbull

žaba

bretkosë

veverica

ketër

jež

iriq

zec

lepur

sova

buf

ptica

zog

labud

mjellmë

divlja svinja

derr i egër

jelen

dre

los

dre brilopatë

nasip

digë

vetrenjača

turbinë ere

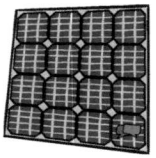

solarna ploča

panel diellor

klima

klimë

konobar
kamarier

jelovnik
menu

stolica
karrige

supa
supë

pica
pica

pribor za jelo
set ngrënieje

stolnjak
mbulesë tavoline

predjelo
pjatë e parë

glavno jelo
pjatë kryesore

desert
ëmbëlsirë

napitci
pije

jelo
ushqim

flaša
shishe

brza hrana

ushqim i shpejtë

imbis hrana

ushqim i shërbyer në rrugë

čajnik

ibrik çaji

doza za šećer

kuti sheqeri

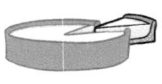

porcija

racion

aparat za espresso

makinë kafeje ekspres

visoka stolica

karrige e lartë

račun

faturë

poslužavnik

tabaka

nož

thika

viljuška

pirun

kašika

lugë

čajna kašika

lugë çaji

salveta

pecetë

čaša

gotë

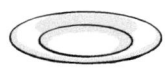

tanjir

pjatë

tanjir za supu

pjatë supe

tanjirić

pjatë filxhani

sos

salcë

soljenka

mbajtëse kripe

mlin za biber

mulli piperi

sirće

uthull

ulje

vaj

začini

erëza

kečap

keçap

senf

mustardë

majoneza

majonezë

supermarket

supermarket

ponuda
ofertë speciale
FOR
kupac
klient
mlečni proizvodi
produkte bulmeti
voće
frut
kolica za kupovinu
karrocë pazari

BUTCHERS

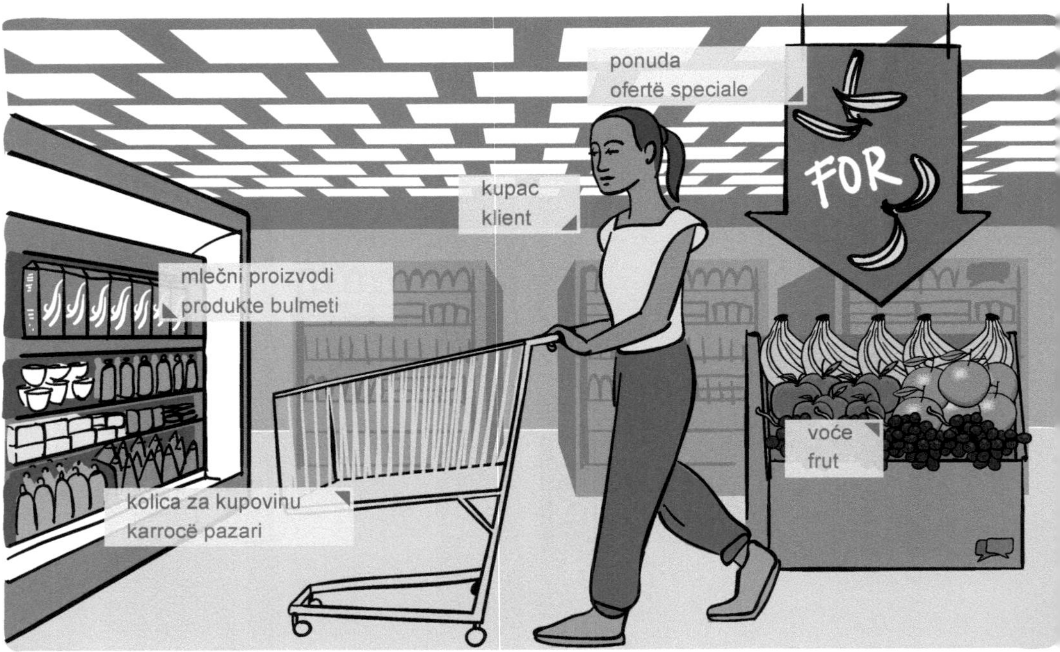

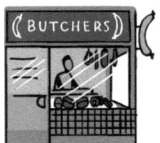

mesnica

dyqan mishi

BAKERY

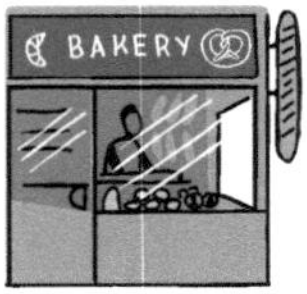

pekara

furrë buke

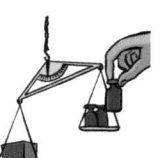

vagati

peshoj

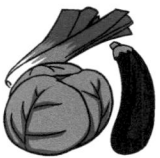

povrće

perime

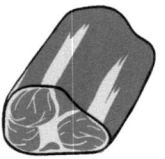

meso

mish

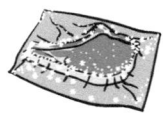

smrznuta hrana

ushqim i ngrirë

narezak
copë

konzerve
ushqim i konservuar

sredstvo za pranje
pluhur larës

slatkiši
ëmbëlsirat

artikli za domaćinstvo
prodhime shtëpie

sredstva za čišćenje
produkte pastrimi

prodavačica
shitëse

blagajna
kasë fiskale

blagajnik
arkëtar

lista za kupovinu
listë blerjeje

vreme rada
oraret e punës

novčanik
portofol

kreditna kartica
kartë krediti

torba
çantë

plastična kesa
qese plastike

voda

ujë

sok

lëng frutash

mleko

qumësht

kola

koka-kola

vino

verë

pivo

birrë

alkohol

alkool

kakao

kakao

čaj

çaj

kava

kafe

espresso

kafe ekspres

cappuccino

kapuçino

banana
banane

jabuka
mollë

narandža
portokalle

lubenica
pjepër

limun
limon

šargarepa
karrotë

beli luk
hudhër

bambus
bambu

luk
qepë

gljiva
kërpudha

orašasti plodovi
arra

rezanci
makarona

špagete

spageti

riža

oriz

salata

sallatë

pomfrit

patate të skuqura

pečeni krumpir

patate të skuqura

pica

pica

hamburger

hamburger

sendvič

sanduiç

šnicla

shnicel

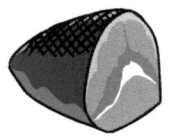

šunka

proshutë

salama

sallam

kobasica

salçiçe

kokoš

pulë

pečenje

skuq

riba

peshk

zobene pahuljice

tërshërë

brašno

miell

kroasan

kruasant

kukuruzne pahuljice

kornfleiks

musli

drithëra

hleb

bukë

toast

tost

peсivo

panine

keksi

biskotë

maslac

gjalp

sveži sir

gjizë

kolač

tortë

jaje

vezë

jaje na oko

vezë sy

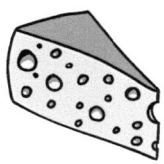

sir

djathë

jelo - ushqim

sladoled

akullore

šećer

sheqer

med

mjaltë

marmelada

marmaladë

nugat krema

çokokrem

kari

këri

seosko gazdinstvo

fermë

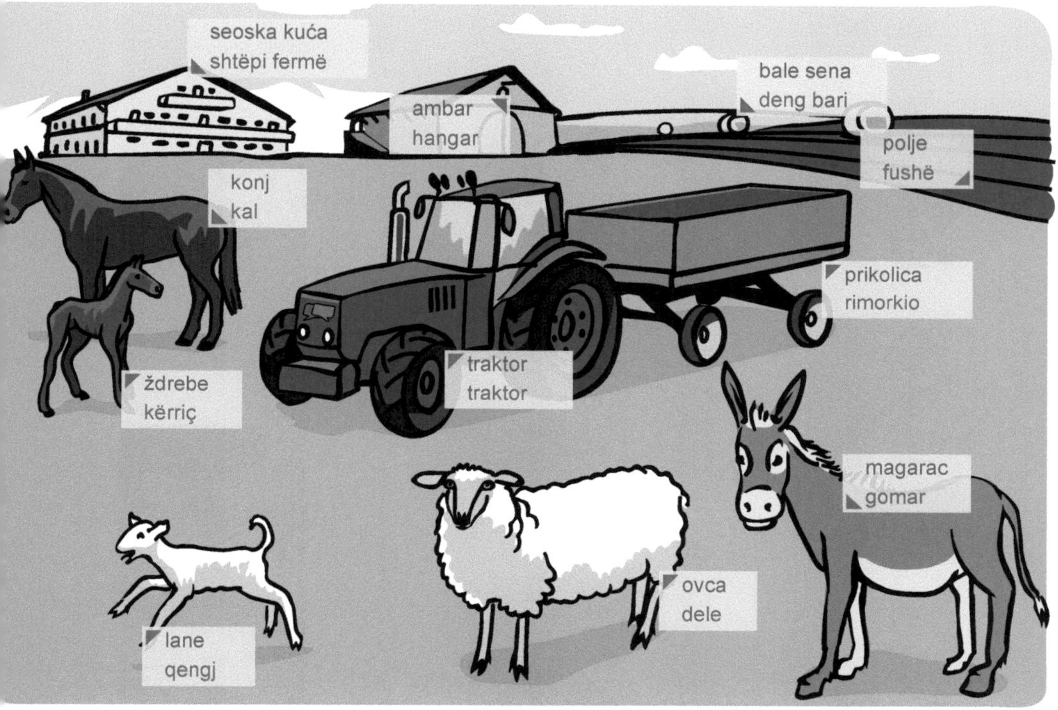

seoska kuća
shtëpi fermë
bale sena
deng bari
ambar
hangar
polje
fushë
konj
kal
prikolica
rimorkio
traktor
traktor
ždrebe
kërriç
magarac
gomar
ovca
dele
lane
qengj

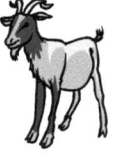

koza
dhi

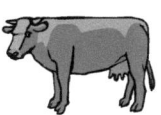

krava
lopë

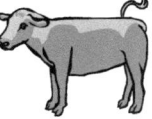

tele
viç

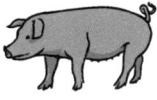

svinja
derr

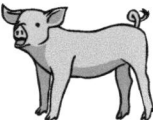

prase
derrkuc

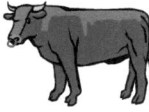

bik
dem

guska

patë

patka

rosë

pilići

zog pule

kokoš

pulë

petao

gjel

pacov

mi

mačka

mace

miš

mi

vol

buall

pas

qen

kućica za psa

kolibe qeni

vrtno crevo

zorrë vaditëse

kanta za polivanje

vaditëse

kosa

kosë

plug

plug

srp
....
drapër

motika
....
shat

viljuška za đubrivo
....
kosa

sekira
....
sëpatë

tačke
....
karrocë

korito
....
govatë

posuda za mleko
....
bidon qumështi

vreća
....
thes

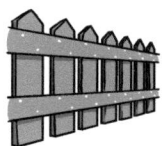

ograda
....
gardh

štala
....
ahur

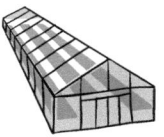

staklenik
....
serë

zemlja
....
dhe

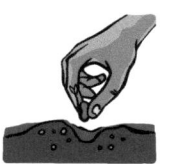

seme
....
farë

đubrivo
....
pleh

kombajn
....
autokombanjë

žeti
....
korr

žetva
....
te korrat

jams začin
....
patate e ëmbël "Yam"

pšenica
....
grurë

soja
....
soja

krumpir
....
patate

kukuruz
....
misër

uljana repica
....
raps

voćka
....
pemë frutore

gomolj manioke
....
zhardhok manioku

žitarice
....
drithëra

kuća

shtëpi

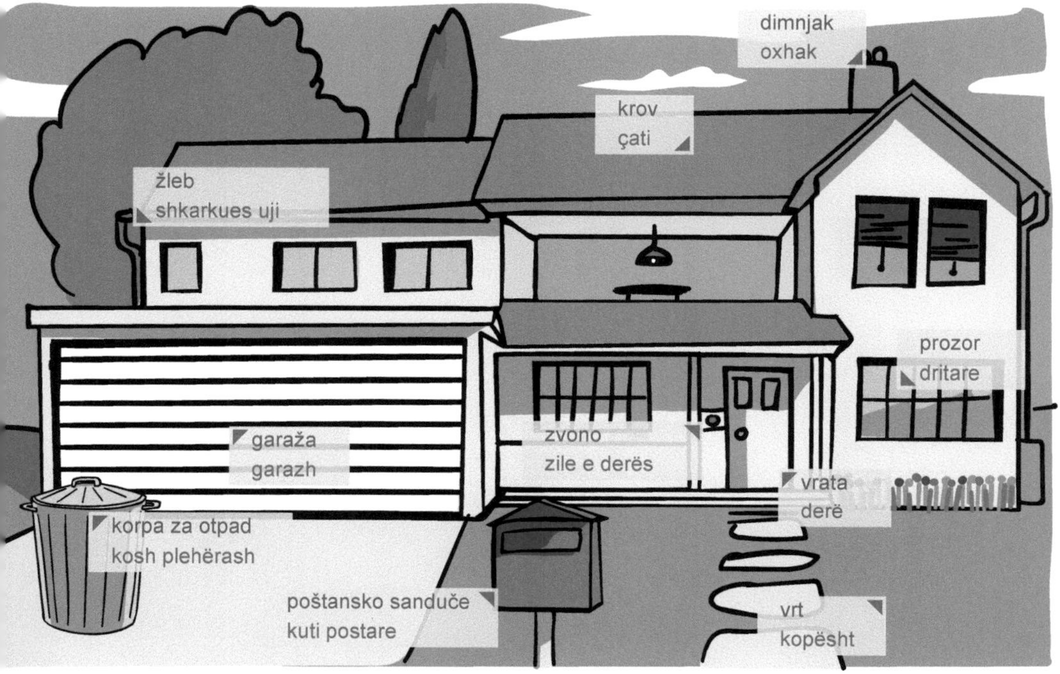
dimnjak
oxhak
krov
çati
žleb
shkarkues uji
prozor
dritare
garaža
garazh
zvono
zile e derës
vrata
derë
korpa za otpad
kosh plehërash
poštansko sanduče
kuti postare
vrt
kopësht

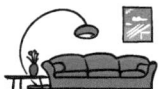

dnevna soba

dhomë ndenjeje

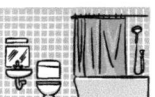

kupaonica

tualet

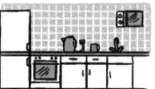

kuhinja

kuzhinë

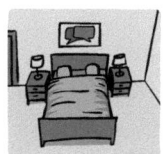

spavaća soba

dhomë gjumi

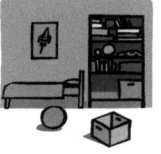

dečija soba

dhomë fëmijësh

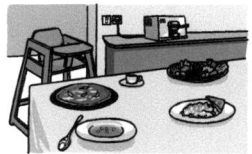

trpezarija

dhomë ngrënieje

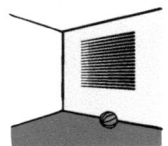

pod

dysheme

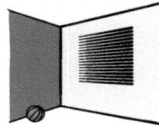

zid

mur

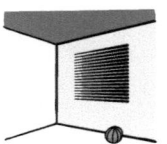

strop

tavan

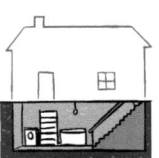

podrum

bodrum

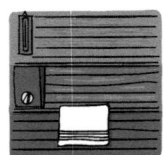

sauna

sauna

balkon

ballkon

terasa

tarracë

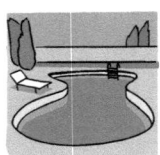

bazen

pishinë

kosilica za travu

kositëse bari

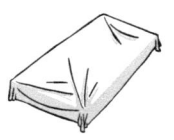

posteljina za krevet

çarçaf

deka za krevet

kuvertë

krevet

krevat

metla

fshesë dore

kanta

kovë

prekidač

çelës

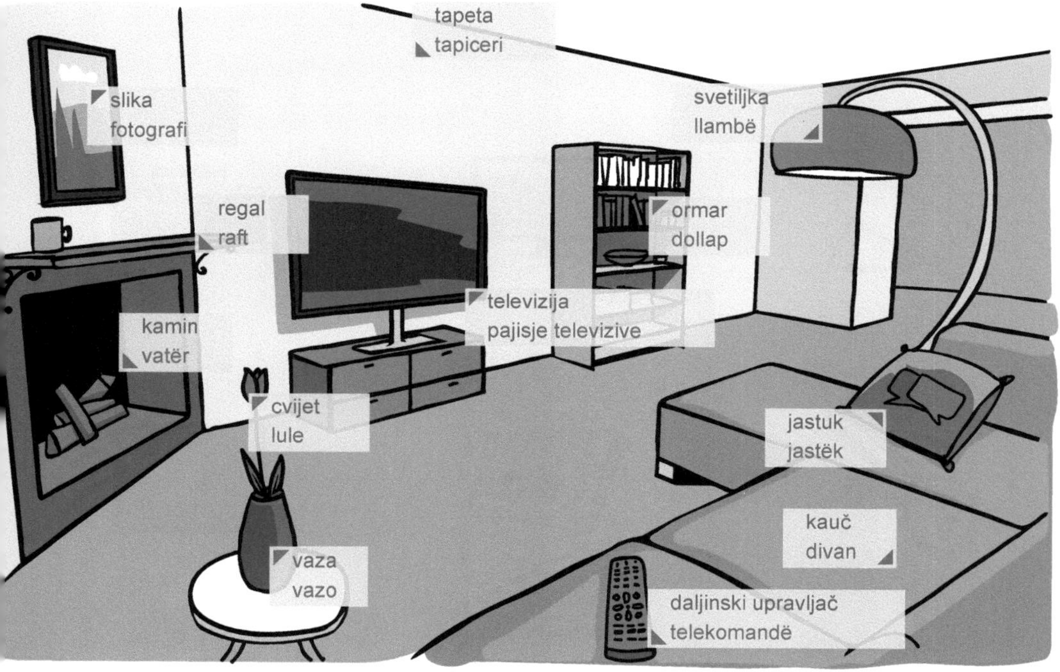

tapeta
tapiceri

slika
fotografi

svetiljka
llambë

regal
raft

ormar
dollap

kamin
vatër

televizija
pajisje televizive

cvijet
lule

jastuk
jastëk

kauč
divan

vaza
vazo

daljinski upravljač
telekomandë

tepih
qilim

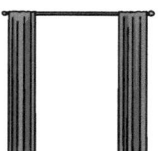

zavesa
perde

sto
tavolinë

stolica
karrige

stolica za njihanje
karrige lëkundëse

fotelja
kolltuk

knjiga

libri

deka

batanije

dekoracija

zbukurime

drvo za ogrev

dru zjarri

film

film

hi-fi uređaj

stereo

ključ

çelës

novine

gazetë

slika na platnu

pikturë

poster

afishe

radio

radio

blok za pisanje

bllok shënimesh

usisivač

fshesë me korent

kaktus

kaktus

sveća

qiri

kuhinja
kuzhinë

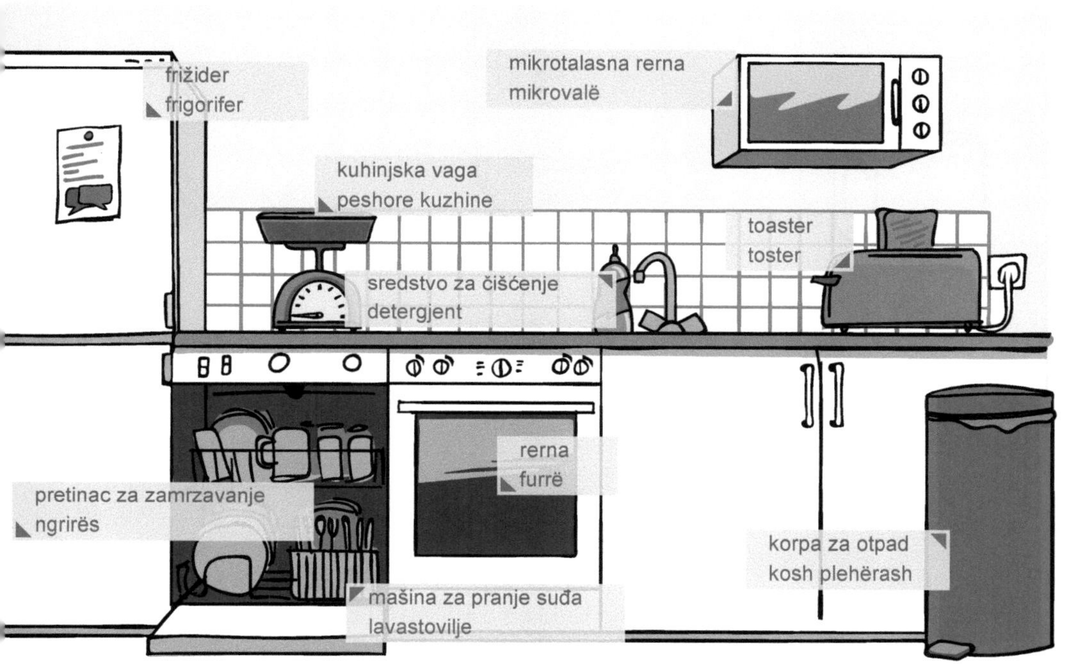
mikrotalasna rerna
mikrovalë
frižider
frigorifer
kuhinjska vaga
peshore kuzhine
toaster
toster
sredstvo za čišćenje
detergjent
rerna
furrë
pretinac za zamrzavanje
ngrirës
korpa za otpad
kosh plehërash
mašina za pranje suđa
lavastovilje

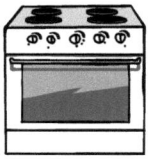

šporet

sobë

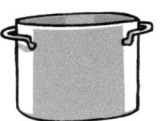

lonac

tenxhere

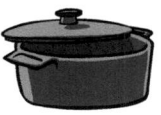

gvozdeni lonac

tenxhere me kapak

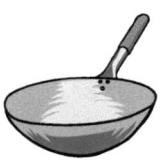

wok / kadai

tigan special (Wok)

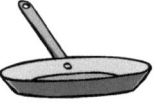

tava

tigan

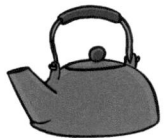

kuvalo za vodu

çajnik

kuvalo na paru

tenxhere me avull

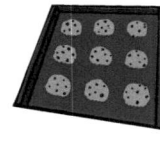

lim za pečenje

tavë pjekjeje

posuđe

enë

čaša

filxhan

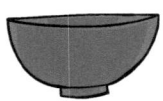

posuda

tas

štapići za jelo

shkopinj

kutlača

garuzhde

lopatica

spatul

penjača

tel kuzhine

sito za kuvanje

kulluese

sito

sitë

ribež

rende

mužar

havan

roštilj

skarë

ognjište

zjarr

daska

dërrasë për prerje

oklagija

okllai

vadičep

heqëse tapash

konzerva

kanaçe

otvarač konzervi

hapëse kanaçeje

krpa za lonac

rrobë për të kapur
tenxheren

sudoper

lavaman

četka

furçë

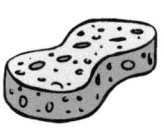

sunđer

sfungjer

mikser

përzjerës

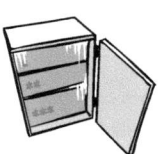

zamrzivač

ngrirës

flašica za bebe

biberon për lëngje

slavina za vodu

rubinet

kupaonica
tualet

grejanje
ngrohje
tuš
dush
peškir
peshqirë
zavesa za tuš
perde dushi
penušava kupka
vaskë me shkumë
kada
vaskë
čaša
gotë
mašina za pranje veša
lavatriçe
slavina za vodu
rubinet
pločice
pllaka
tuta
oturak
sudoper
lavaman

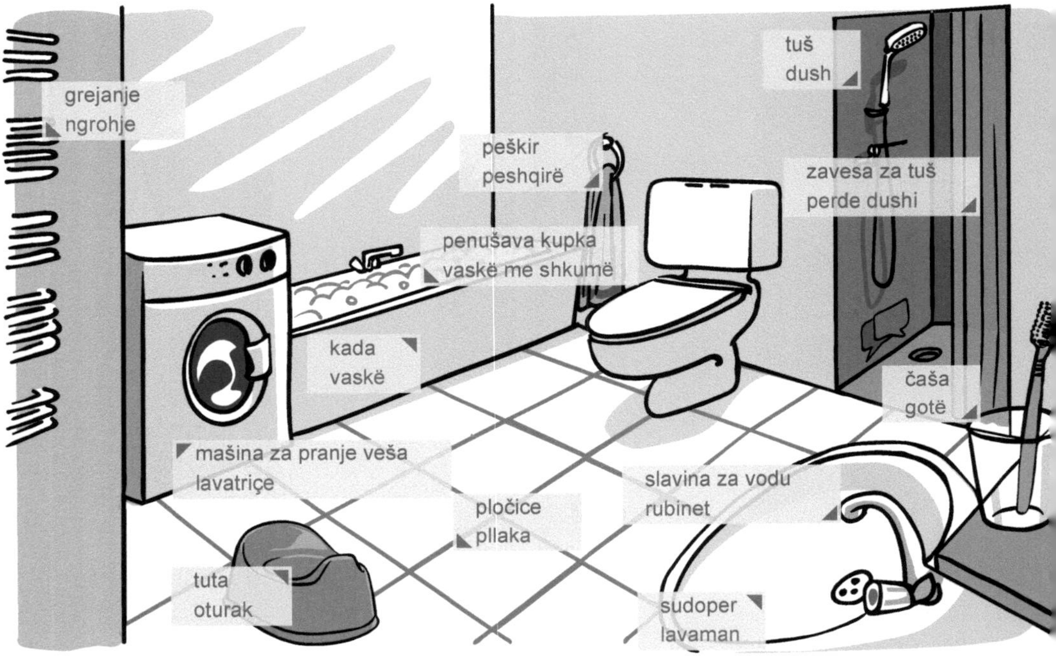

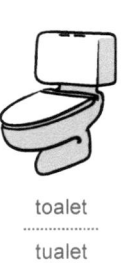

toalet

tualet

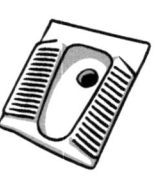

čučavac

WC e sheshtë

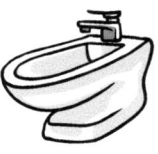

bidet

bide

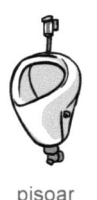

pisoar

tualet publik

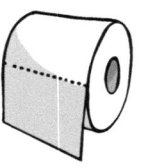

toaletni papir

letër higjienike

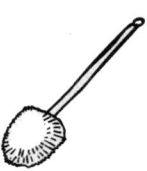

četka za toalet

furçe për WC

četkica za zube

furçë dhëmbësh

pasta za zube

pastë dhëmbësh

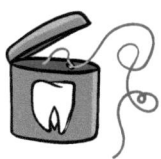

konac za zube

fije dentare

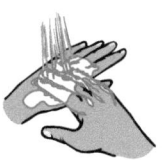

prati

laj

tuš ručica

dorezë dushi

tuš za pranje intimnih
delova
larës për zonën intime

lavor

legen

četka za pranje leđa

furçë për masazh shpine

sapun

sapun

gel za tuširanje

shampo trupi

šampon

shampo

krpa za pranje

leckë pastruese

odvod

kullues

krema

krem

dezodorans

antidjersë

kupaonica - tualet

ogledalo

pasqyrë

kozmetičko ogledalo

pasqyrë dore

brijač

brisk rroje

pena za brijanje

shkumë rroje

losion za posle brijanja

locion pas rrojes

češalj

krehër

četka

furçë

fen za kosu

tharëse flokësh

sprej za kosu

llak për flokët

makeup

grim

ruž za usne

buzëkuq

lak za nokte

manikyr

vata

mbushje pambuku

makaze za nokte

gërshërë për thonj

parfem

parfum

kozmetička torbica

çantë për sendet personale

stolica

Stol

vaga

peshore

ogrtač

robëdëshambër

rukavice za čišćenje

dorashka gome

tampon

tampon

uložak

peceta higjienike

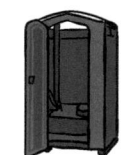

hemijski toalet

tualet l lëvizshëm

dečija soba
dhomë fëmijësh

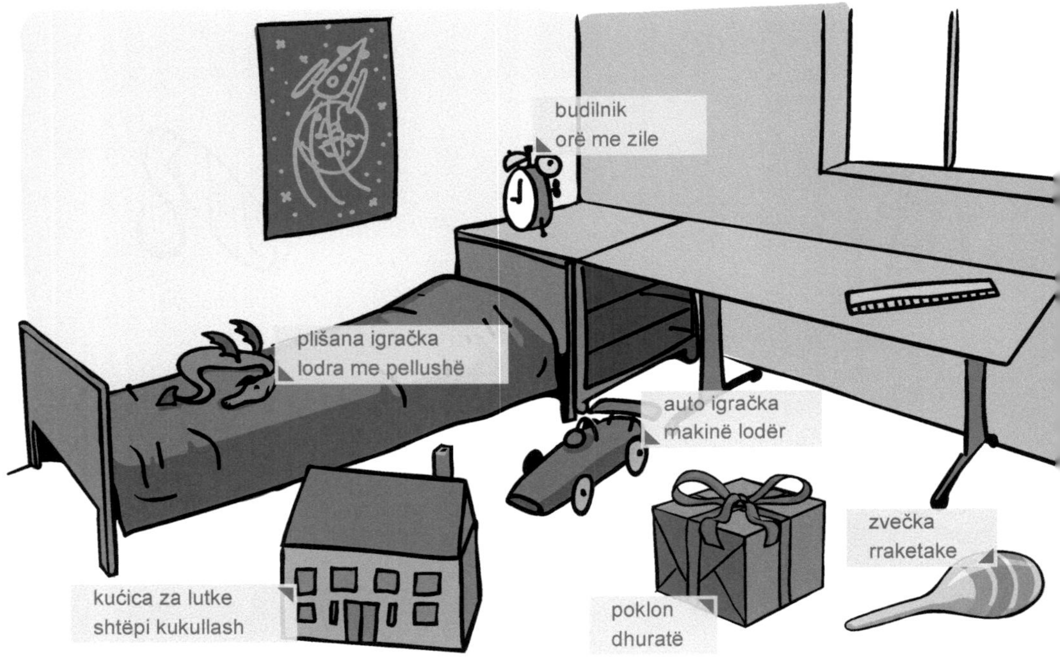
budilnik
orë me zile
plišana igračka
lodra me pellushë
auto igračka
makinë lodër
zvečka
rraketake
kućica za lutke
shtëpi kukullash
poklon
dhuratë

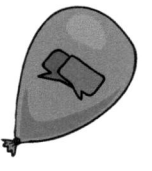

balon
tollumbace

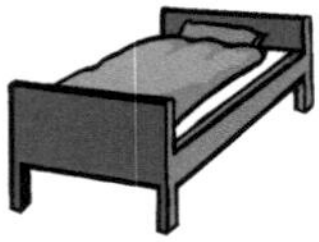

krevet
krevat

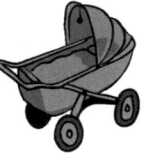

dječija kolica
karrocë fëmijësh

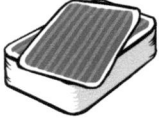

igra s kartama
lojë me letra

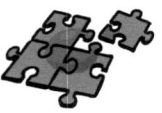

slagalica
bashkim pjesësh me figura

SUPER MEGA

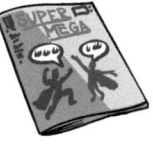

strip
komik

lego kockice

formuese lodër

kockice za slaganje

kuba plastikë

akcioni junak

lodra

benkica za bebe

badi

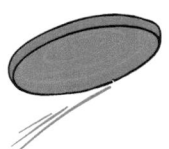

frizbi

frizbi

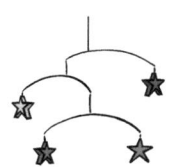

viseće igračke

lodra të varura tek krevati i fëmijëve

društvene igre

tavolinë lojërash

kocka

zare

minijaturna željeznica

model treni

duda

biberon

zabava

festë

slikovnica

libër me ilustrime

lopta

top

lutka

kukull

igrati

luaj

pješčanik

grumbull rëre

ljuljačka

kolovarëse

igračka

lodra

konzola za igre

leva për lojra video

tricikl

triçikël

tedi

arush prej pellushi

ormar

garderobë

odeća

veshje

kratke čarape

çorape

čarape

çorape të gjata

hulahopke

geta

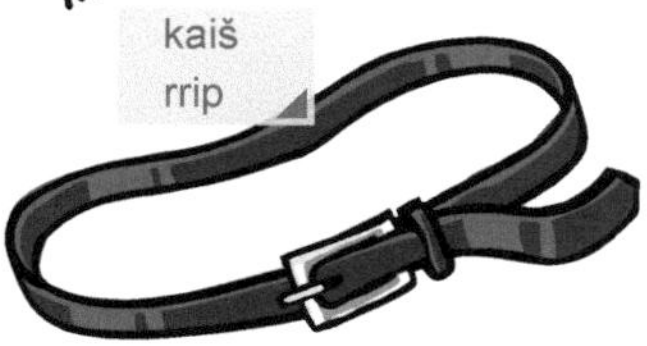

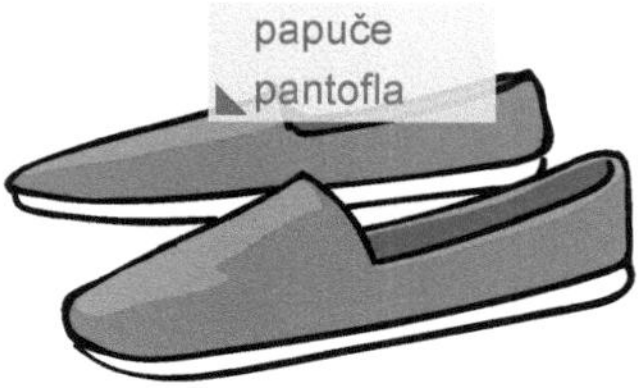

šal
shall

kišobran
çadër

kaiš
rrip

majica
bluzë pa jakë

čizme
çizme

papuče
pantofla

patike
atlete

sandale
sandale

cipele
këpucë

gumene čizme
çizme llastiku

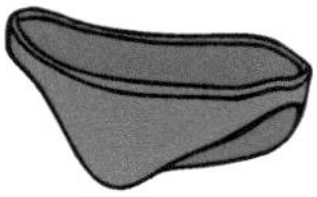

gaćice
të mbathura

grudnjak
reçipeta

potkošulja
kanotierë

bodi
trup

pantalone
pantallona

farmerke
xhinse

suknja
fund

bluza
bluzë

košulja
këmishë

džemper
pulovër

džemper s kapuljačom
triko

sako
xhaketë

jakna
xhaketë

kaput
pallto

kabanica
mushama shiu

kostim
kostum

haljina
fustan

venčanica
fustan nusërie

odelo

kostum

spavaćica

këmishë nate

pidžama

pizhama

sari

sari (veshje tradicionale indiane)

marama za glavu

shami koke

turban

çallmë

burka

veshje për femrat e besimit musliman

kaftan

kaftan (lloj veshjeje tradicionale)

abaja

ferexhe

kupaći kostim

kostum banje

kupaće gaćice

rroba banje

kratke pantalone

pantallona të shkurtra

odeća za trening

tuta sporti

kecelja

përparëse

rukavice

dorashka

dugme
kopsë

naočare
syze

narukvica
byzylyk

ogrlica
gjerdan

prsten
unazë

naušnica
vath

kapa
kapuç

vešalica
varëse për pallto

šešir
kapele

kravata
kravatë

patent zatvarač
zinxhir

kaciga
helmetë

naramenice
tiranda

školska uniforma
uniformë shkolle

uniforma
uniformë

podbradak
gushore

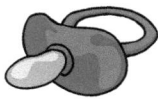
duda
biberon

pelena
pelenë

kancelarija
zyrë

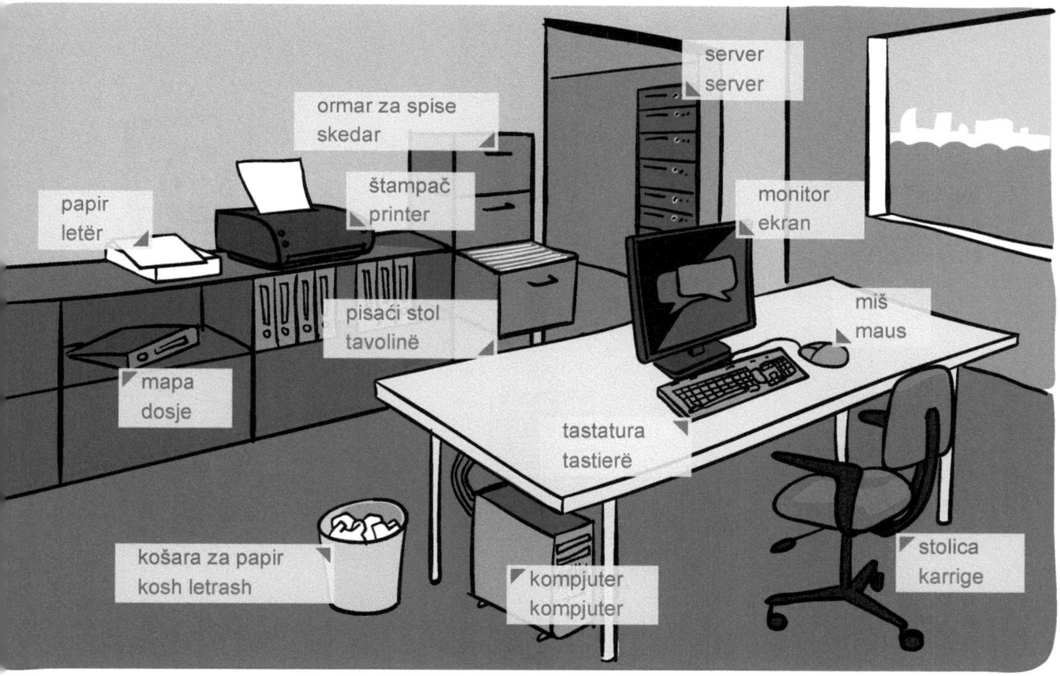

server
server

ormar za spise
skedar

štampač
printer

papir
letër

monitor
ekran

pisaći stol
tavolinë

miš
maus

mapa
dosje

tastatura
tastierë

košara za papir
kosh letrash

stolica
karrige

kompjuter
kompjuter

šalica za kavu
filxhan kafeje

kalkulator
makinë llogaritëse

internet
internet

laptop

kompjuter portativ

pismo

letër

poruka

mesazh

mobilni telefon

telefon

mreža

rrjet

uređaj za kopiranje

fotokopje

softver

program

telefon

telefon

utičnica

prizë

faks

pajisje faksi

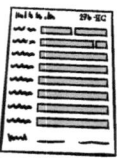

formular

formular

dokument

dokument

kupovati
blej

platiti
paguaj

trgovati
tregtoj

novac
para

dolar
dollar

evro
euro

jen
jen

rublja
rubla

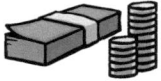

švajcarski franak
franga zvicerane

renmindbi juan
juani kinez

rupija
rupje

automat za novac
bankomat

menjačnica

pikë këmbimi valutor

zlato

ar

srebro

argjend

nafta

nafta

energija

energji

cena

çmim

ugovor

kontratë

porez

taksë

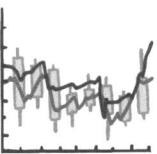

deonica

aksione

raditi

punoj

službenik

punonjës

poslodavac

punëdhënës

fabrika

fabrikë

prodavnica

dyqan

policajac
oficer policie

vatrogasac
zjarrfikës

kuvar
kuzhinier

lekar
mjek

pilot
pilot

vrtlar

kopshtar

stolar

marangoz

krojačica

rrobaqepëse

sudija

gjykatës

hemičar

kimist

glumac

aktor

vozač autobusa

shofer autobuzi

vozač taksija

taksist

ribar

peshkatar

čistačica

pastruese

krovopokrivač

riparues çatish

konobar

kamarier

lovac

gjuetar

slikar

piktor

pekar

furrxhi

električar

elektriçist

građevinski radnik

ndërtues

inženjer

inxhinier

mesar

kasap

limar

hidraulik

poštar

postieri

vojnik
ushtar

arhitekta
arkitekt

blagajnik
arkëtar

cvećar
luleshitës

frizer
berber

kondukter
kontrollor

mehaničar
mekanik

kapetan
kapiten

zubar
dentist

naučnik
shkencëtar

rabi
rabin

imam
imam

monah
murg

svećenik
klerik

alati

mjete

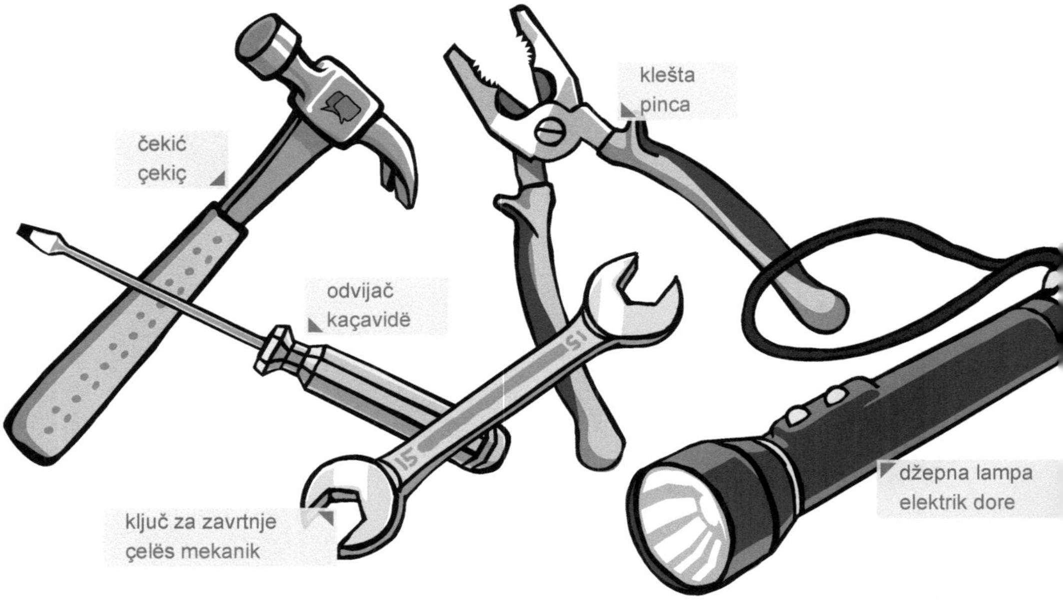

čekić
çekiç
klešta
pinca
odvijač
kaçavidë
ključ za zavrtnje
çelës mekanik
džepna lampa
elektrik dore

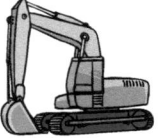

bager

ekskavator

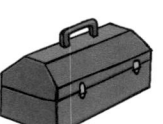

kutija za alat

kuti veglash

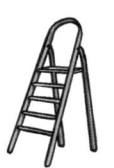

merdevine

shkallë

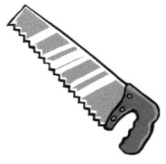

pila

sharrë

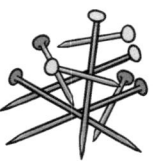

ekser

gozhdë

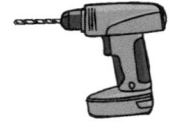

bušilica

trapan

popraviti

riparoj

lopata

lopatë

do đavola!

Dreq!

lopatica

kaci

lonac za boju

kuti boje

zavrtanji

vidhë

muzički instrument
instrumenta muzikorë

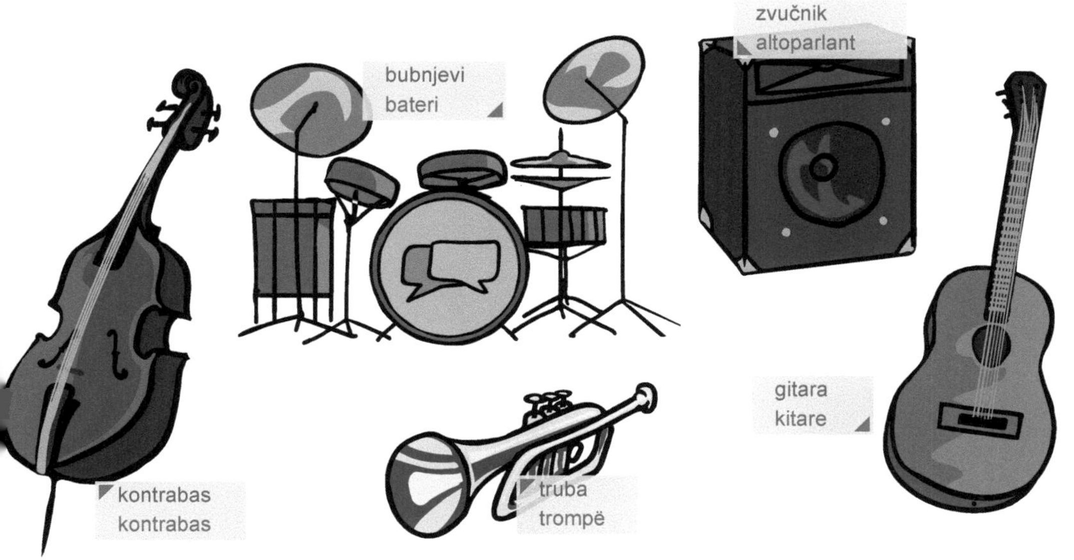

bubnjevi
bateri

zvučnik
altoparlant

gitara
kitare

kontrabas
kontrabas

truba
trompë

klavir

piano

violina

violinë

bas

bas

timpani

tamburë

udaraljke za bubnjeve

daulle

tipke klavira

tastierë pianoje

saksofon

saksofon

flauta

flaut

mikrofon

mikrofon

zoološki vrt
kopsht zoologjik

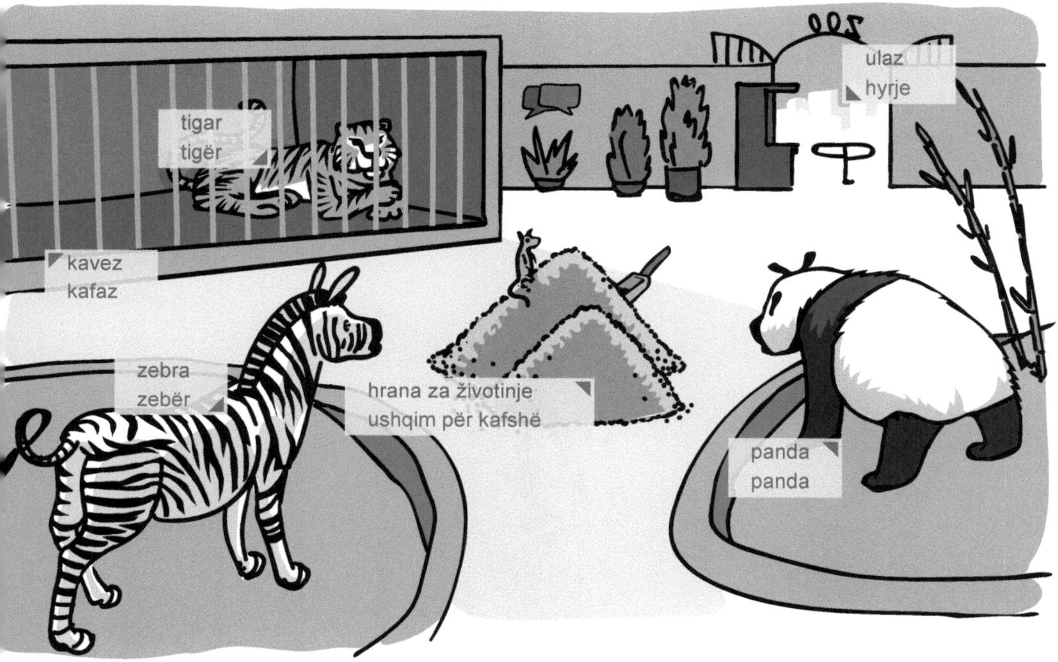

ulaz
hyrje
tigar
tigër
kavez
kafaz
zebra
zebër
hrana za životinje
ushqim për kafshë
panda
panda

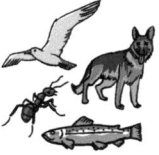

životinje

kafshë

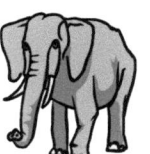

slon

elefant

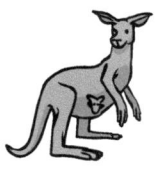

kengur

kangur

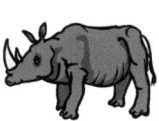

nosorog

rinoceront

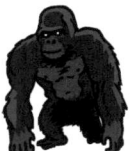

gorila

gorillë

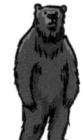

medved

ari

kamila

deve

noj

struc

lav

luan

majmun

majmun

flamingo

flamingo

papagaj

papagall

polarni medved

ari polar

pingvin

pinguin

ajkula

peshkaqen

paun

pallua

zmija

gjarpër

krokodil

krokodil

čuvar u zoološkom vrtu

punonjës i kopshtit zoologjik

tuljan

fokë

jaguar

xhaguar

poni

poni

leopard

leopard

nilski konj

hipopotam

žirafa

gjirafë

orao

shqiponjë

divlja svinja

derr i egër

riba

peshk

kornjača

breshkë

morž

lopë deti

lisica

dhelpër

gazela

gazelë

američki nogomet
futboll amerikan

biciklizam
çiklizëm

tenis
tenis

košarka
basketboll

plivanje
not

hokej na ledu
hokej mbi akull

boks
boks

fudbal	badminton	atletika
futboll	badminton	atletikë
rukomet	skijanje	polo
hendboll	ski	polo

skočiti
hidhem

zagrliti
përqafoj

smejati se
qesh

ići
eci

pevati
këndoj

sanjati
ëndërroj

moliti se
lutem

poljubiti
puth

pisati
shkruaj

crtati
vizatoj

pokazati
tregoj

gurati
shtyj

dati
jap

uzeti
marr

imati

kam

činiti

bëj

biti

jam

stojati

qëndroj

trčati

vrapoj

povlačiti

tërheq

baciti

hedh

padati

bie

ležati

shtrihem

čekati

pres

nositi

mbaj

sediti

ulem

oblačiti

vishem

spavati

fle

probuditi se

zgjohem

gledati

shikoj

plakati

qaj

milovati

përkëdhel

češljati

kreh

govoriti

bisedoj

razumeti

kuptoj

pitati

kërkoj

slušati

dëgjoj

piti

pi

jesti

ha

pospremiti

sistemoj

voleti

dashuroj

kuhati

gatuaj

voziti

drejtoj makinën

leteti

fluturoj

ploviti

lundroj

računati

llogaris

čitati

lexoj

učiti

mësoj

raditi

punoj

venčati se

martohem

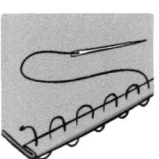

šiti

qep

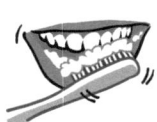

prati zube

laj dhëmbët

ubiti

vras

pušiti

tymos

poslati

dërgoj

baka
gjyshe

deda
gjysh

otac
baba

majka
nënë

beba
bebe

kćerka
vajzë

sin
djalë

gost
mysafir

tetka
teze, hallë

ujak, stric
dajë, xhaxha

brat
vëlla

sestra
motër

telo

trupi

čelo
balli
oko
syri
rame
shpatulla
prst
gishti
lice
fytyra
brada
mjekra
ruka
dora
noga
këmba
grudi
krahërori
ruka
krahu

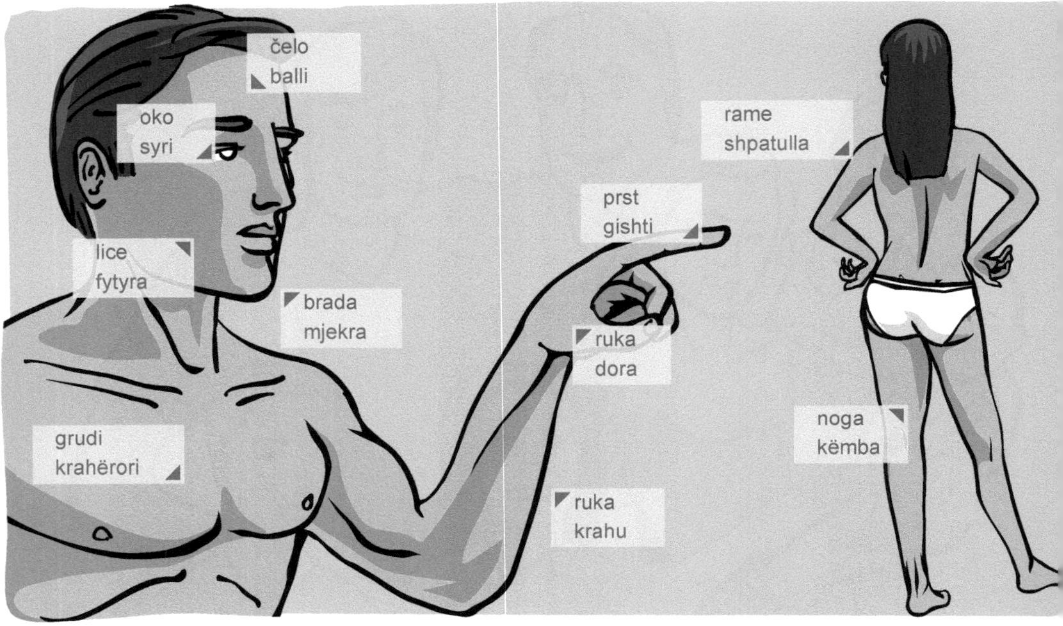

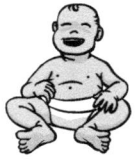

beba

bebe

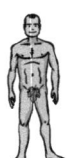

muškarac

burrë

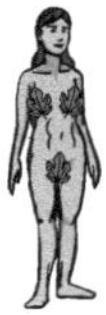

žena

grua

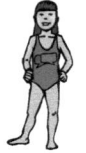

devojčica

vajzë

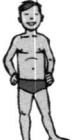

dečak

djalë

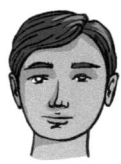

glava

koka

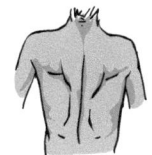

leđa
shpina

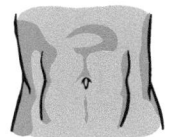

stomak
barku

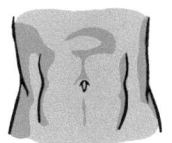

pupak
kërthiza

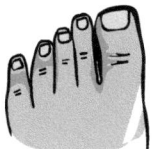

nožni prst
gisht këmbe

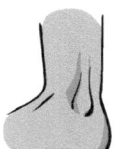

peta
Thembra

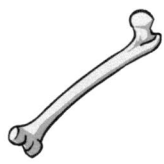

kost
kockë

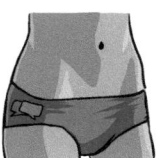

kukovi
legeni

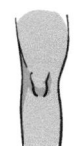

koleno
gjuri

lakat
bërryli

nos
hunda

zadnjica
vithe

koža
lëkura

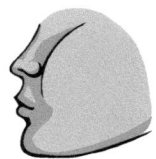

obraz
faqja

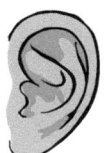

uvo
veshi

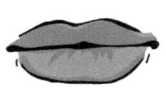

usna
buza

telo - trupi

usta

goja

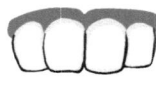

zub

dhëmbët

jezik

gjuha

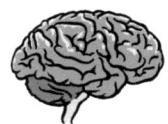

mozak

truri

srce

zemra

mišić

muskul

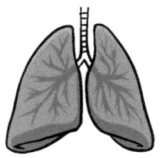

pluća

mushkëria

jetra

mëlçia

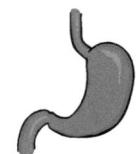

želudac

stomaku

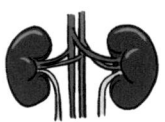

bubrezi

veshka

polni odnos

seks

kondom

prezervativ

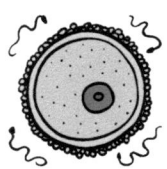

jajna ćelija

veza

sperma

sperma

trudnoća

shtatëzani

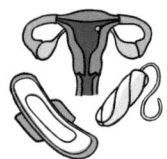

menstruacija

menstruacione

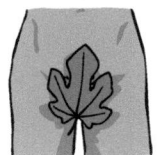

vagina

vagina

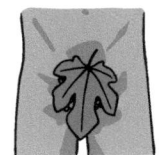

penis

penis

obrva

vetulla

kosa

flokët

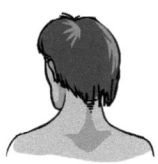

vrat

qafa

bolnica
spital

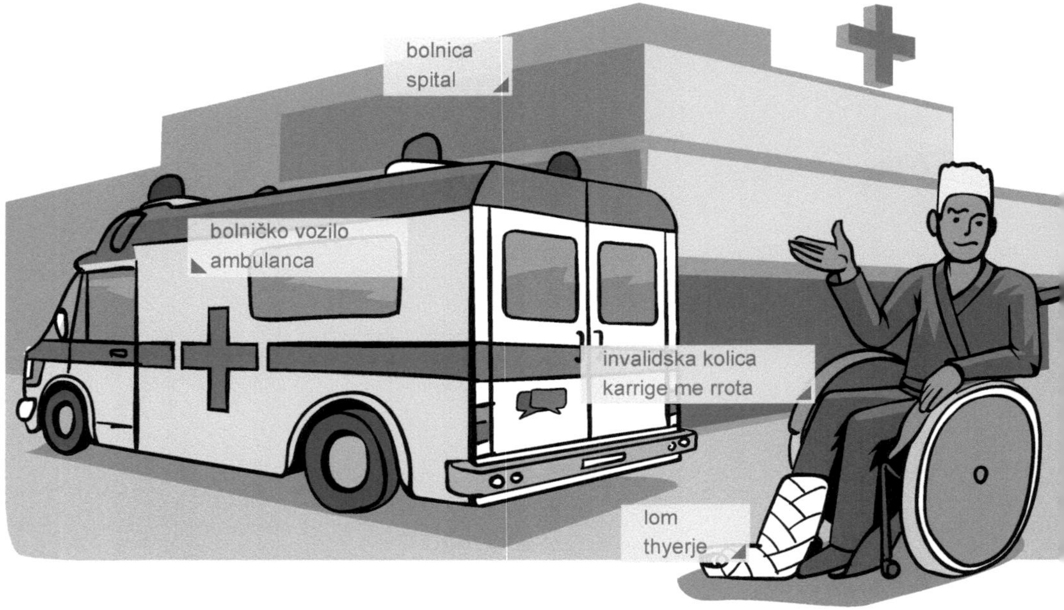

bolnica
spital
bolničko vozilo
ambulanca
invalidska kolica
karrige me rrota
lom
thyerje

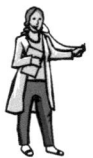

lekar

mjek

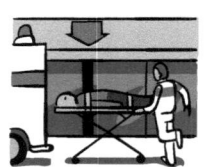

hitna medicinska služba

sallë urgjencash

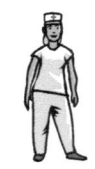

medicinska sestra

infermiere

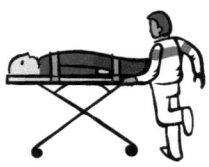

hitni slučaj

emergjencë

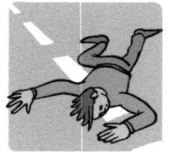

nesvest

i pandërgjegjshëm

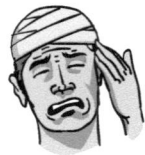

bol

dhimbje

povreda

dëmtim

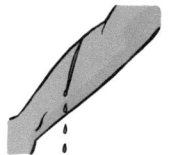

krvarenje

gjakosje

srčani udar

infarkt

udar

goditje

alergija

alergji

kašalj

kolla

groznica

ethe

gripa

grip

proliv

diarre

glavobolja

dhimbje koke

rak

kancer

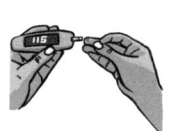

dijabetes

diabet

hirurg

kirurg

skalpel

bisturi

operacija

operacion

ct
CT (skaner)

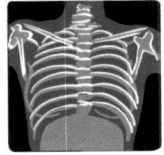

rentgen
radiografi

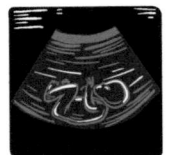

ultrazvuk
ultratingull

maska
maskë fytyre

bolest
sëmundje

čekaona
dhomë pritjeje

štaka
paterica

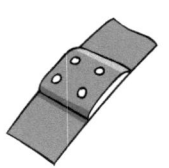

flaster
leukoplast

zavoj
fasho

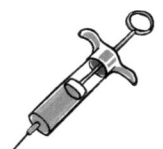

injekcija
injeksion

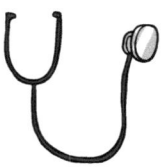

stetoskop
stetoskop

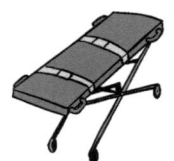

nosila
barelë

termometar
termometër

rođenje
lindje

prekomerna težina
mbipeshë

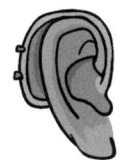

slušni aparat

aparat dëgjimi

sredstvo za dezinfekciju

dezinfektant

infekcija

infeksion

virus

virus

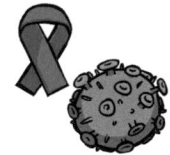

HIV / AIDS

HIV / AIDS

medicina

mjekësi, mjekim

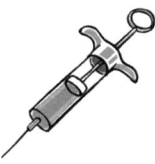

vakcinacija

vaksinim

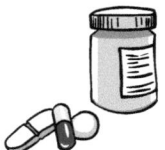

tablete

tableta

pilula

pilulë

hitni poziv

telefonatë emergjence

uređaj za merenje pritiska

aparat tensioni

bolesno / zdravo

i sëmurë / i shëndetshëm

pomoć!

Ndihmë!

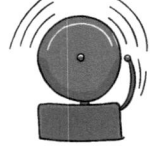

alarm

alarm

nasrtaj

sulm

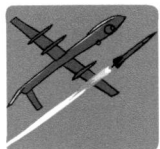

napad

atak

opasnost

rrezik

izlaz u slučaju nužde

dalje emergjence

požar!

Zjarr!

protivpožarni aparat

fikëse zjarri

nezgoda

aksident

kutija prve pomoći

kuti e ndimës së shpejtë

sos

SOS

policija

policia

Evropa

Europa

Severna Amerika

Amerika e Veriut

Južna Amerika

Amerika e Jugut

Afrika

Afrika

Azija

Azia

Australija

Australia

Atlantik

Atlantiku

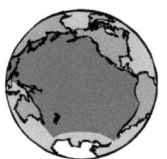

Pacifik

Paqësori

Indijski okean

Oqeani Indian

Antarktički okean

Oqeani Antarktik

Arktički ocean

Oqeani Arktik

Severni pol

Poli i veriut

Južni pol
Poli i Jugut

Antarktik
Antarktida

zemlja
toka

zemlja
tokë

more
det

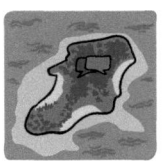

otok
ishull

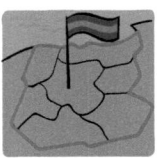

nacija
komb

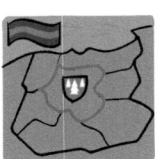

država
shtet

brojčanik sata

fusha e orës

satna kazaljka

akrepi i orës

minutna kazaljka

akrepi i minutave

sekundna kazaljka

akrepi i sekondave

Koliko je sati?

Sa është ora?

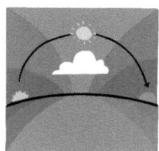

dan

ditë

vreme

kohë

sada

tani

digitalni sat

orë dixhitale

minuta

minutë

čas

orë

ponedeljak
e hënë

MO

sreda
e mërkurë

W

petak
e premte

FR

TU

TH

subota
e shtunë

SA

utorak
e martë

četvrtak
e enjte

SO

nedelja
e diel

juče
....
dje

danas
....
sot

sutra
....
nesër

jutro
....
mëngjes

podne
....
mesditë

veče
....
mbrëmje

radni dani
....
ditë pune

vikend
....
fundjavë

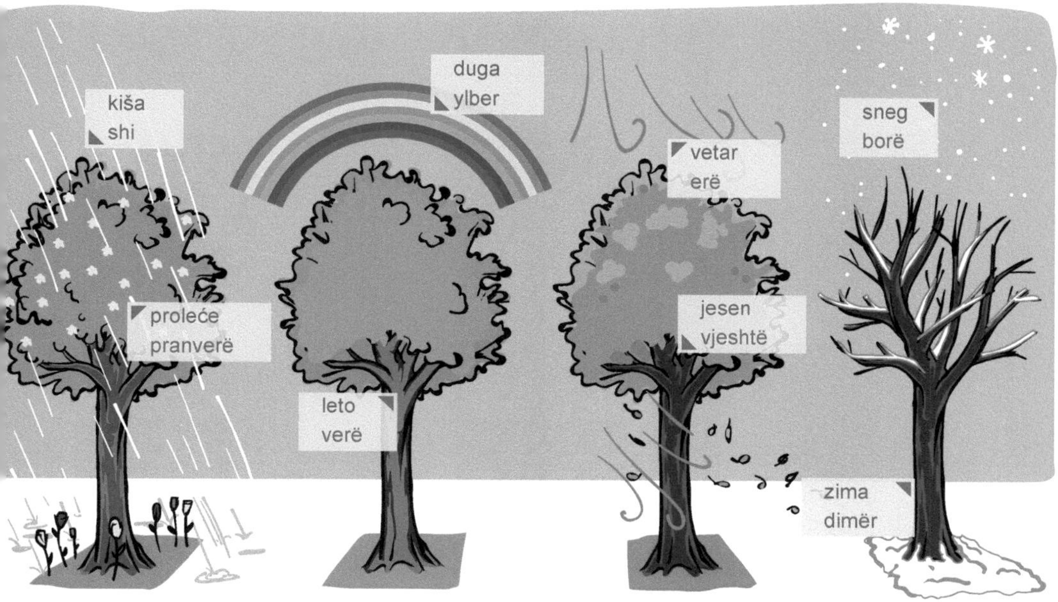

kiša
shi

duga
ylber

vetar
erë

sneg
borë

proleće
pranverë

jesen
vjeshtë

leto
verë

zima
dimër

4.APRIL	11°	☀
5.APRIL	4°	☁
6.APRIL	13°	☔
7.APRIL	8°	☀
8.APRIL	10°	☀

meteorološka prognoza

parashikimi i motit

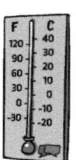

termometar

termometër

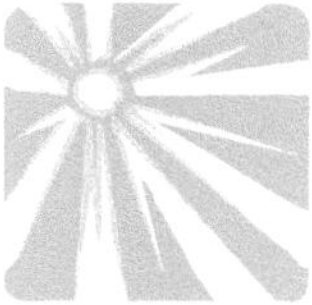

sunčana svetlost

ndriçim dielli

oblak

re

magla

mjegull

vlažnost vazduha

lagështi

munja	grmljavina	oluja
vetëtima	gjëmim	stuhi
	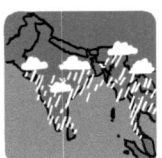	
tuča	monsun	poplava
breshër	muson	përmbytje

led	januar	februar
akull	janar	shkurt
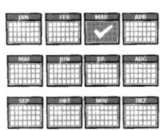	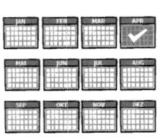	
mart	april	maj
mars	prill	maj
	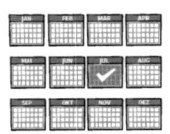	
juni	juli	avgust
qershor	korrik	gusht

septembar
....
shtator

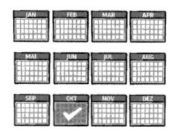

oktobar
....
tetor

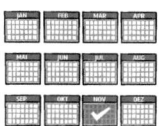

novembar
....
nëntor

decembar
....
dhjetor

krug
....
rreth

kvadrat
....
katror

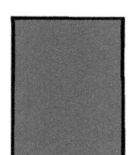

pravougao
....
drejtkëndësh

trougao
....
trekëndësh

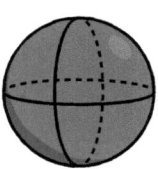

kugla
....
sferë

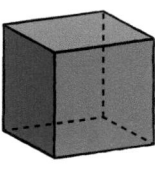

kocka
....
kub

bela
....
e bardhë

žuta
....
e verdhë

narandžasta
....
portokalli

ružičasta
....
rozë

crvena
....
e kuqe

ljubičasta
....
vjollcë

plava
....
blu

zelena
....
e gjelbër

smeđa
....
kafe

siva
....
gri

crna
....
e zezë

mnogo / malo

shumë / pak

ljutito / mirno

i nevrikosur / i qetë

lepo / ružno

i bukur / i shëmtuar

početak / kraj

fillim / fund

veliko / maleno

i madh / i vogël

svetlo / tamno

i ndritshëm / i errët

brat / sestra

vëlla / motër

čisto / prljavo

e pastër / e pistë

potpuno / nepotpuno

e plotë / jo e plotë

dan / noć

ditë / natë

mrtvo / živo

gjallë / vdekur

široko / usko

i gjerë / i ngushtë

jestivo / nejestivo

i ngrënshëm / i
pangrënshëm

zlo / dobro

i keq / i këndshëm

uzbuđeno / dosadno

i lumtur / i mërzitur

debelo / mršavo

i shëndoshë / i dobët

na početku / na kraju

e para / e fundit

prijatelj / neprijatelj

mik / armik

puno / prazno

plot / bosh

tvrdo / mekano

e fortë / e butë

teško / lagano

e rëndë / e lehtë

glad / žeđ

uri / etje

bolesno / zdravo

i sëmurë / i shëndetshëm

ilegalno / legalno

e paligjshme / e ligjshme

pametno / glupo

i zgjuar / budalla

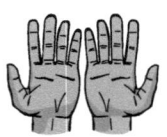

levo / desno

majtas / djathtas

blizu / daleko

afër / larg

novo / polovno
e re / e përdorur

ništa / nešto
asgjë / diçka

staro / mlado
i moshuar / i ri

uključeno / isključeno
ndezur / fikur

otvoreno / zatvoreno
hapur / mbyllur

tiho / glasno
i qetë / i zhurmshëm

bogato / siromašno
i pasur / i varfër

tačno / pogrešno
e drejtë / e gabuar

hrapavo / glatko
i ashpër / i butë

tužno / sretno
i mërzitur / i lumtur

kratko / dugo
i shkurtër / i gjatë

polako / brzo
ngadalë / shpejt

mokro / suho
i lagësht / i thatë

toplo / hladno
ngrohtë / freskët

rat / mir
luftë / paqe

0

nula

zero

1

jedan

një

2

dva

dy

3

tri

tre

4

četiri

katër

5

pet

pesë

6

šest

gjashtë

7

sedam

shtatë

8

osam

tetë

9

devet

nentë

10

deset

dhjetë

11

jedanaest

njëmbëdhjetë

12

dvanaest

dymbëdhjetë

13

trinaest

trembëdhjetë

14

çetrnaest

katërmbëdhjetë

15

petnaest

pesëmbëdhjetë

16

šestnaest

gjashtëmbëdhjetë

17

sedamnaest

shtatëmbëdhjetë

18

osamnaest

tetëmbëdhjetë

19

devetnaest

nentëmbëdhjetë

20

dvadeset

njëzetë

100

stotinu

qind

1.000

hiljadu

mijë

1.000.000

milion

milion

engleski

anglisht

američki engleski

anglishte amerikane

mandarinski kineski

kinezisht mandarin

hindski

hindi

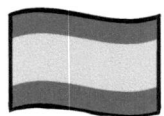

španski

spanjisht

francuski

frëngjisht

arapski

arabisht

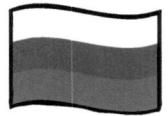

ruski

rusisht

portugalski

portugalisht

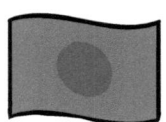

bengalski

bengalisht

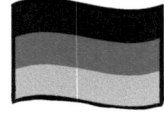

nemački

gjermanisht

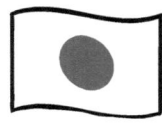

japanski

japonisht

ja
....
unë

ti
....
ti

on / ona / ono
....
ai / ajo

mi
....
ne

vi
....
ju

oni
....
ata

Ko?
....
kush?

Šta?
....
çfarë?

Kako?
....
si?

Gde?
....
ku?

Kada?
....
kur?

ime
....
emër

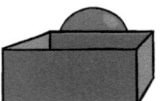

iza
....
pas

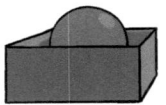

u
....
në

ispred
....
përballë

preko
....
sipër

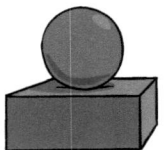

na
....
mbi

ispod
....
poshtë

pored
....
pranë

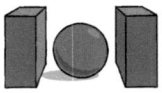

između
....
midis

mesto
....
vend